Pe. GERVÁSIO FABRI DOS ANJOS, C.Ss.R.

Novena de Santa Teresinha

EDITORA
SANTUÁRIO

DIREÇÃO EDITORIAL:
Pe. Fábio Evaristo Resende Silva, C.Ss.R.

REVISÃO:
Ana Lucia C. Leite

COORDENAÇÃO EDITORIAL:
Ana Lúcia de Castro Leite

DIAGRAMAÇÃO E CAPA:
Bruno Olivoto

ISBN 85-369-0005-9

1ª impressão, 2005

11ª impressão

Todos os direitos reservados à EDITORA SANTUÁRIO – 2024

Rua Pe. Claro Monteiro, 342 – 12570-045 – Aparecida-SP
Tel.: 12 3104-2000 – Televendas: 0800 0 16 00 04
www.editorasantuario.com.br
vendas@editorasantuario.com.br

Santa Teresinha

Santa Teresinha nasceu em Alençon, na França, em 3 de janeiro de 1873, e foi batizada dois dias depois. Seu nome na família era Maria Francisca Teresa Martin, filha de Luis Martin e Zélia Guérin. Nos pais de Santa Teresinha podemos ver a grandeza da missão de ser pai e mãe de uma família cristã. Luis Martin e Zélia foram um casal piedoso e dedicado a Deus e à missão da família; tornaram-se verdadeiros santos. Tiveram nove filhos, e quatro deles morreram entre seis meses a seis anos; as cinco meninas restantes entraram no convento de freiras. As filhas levam o primeiro nome de Maria. O dois filhos com o nome de José, e que os pais esperavam vê-los missionários, foram os primeiros chamados para o céu.

Quando Zélia também foi chamada para junto de Deus, Teresinha sentiu profundamente sua ausência; encostou-se em sua irmã Paulina e lhe disse: "Você, agora, será minha mãe". Precisamente Paulina é que mais tarde haverá de abrir as portas do Carmelo para Teresinha. Em 1977, após a morte da mãe, a família de Luis Martin mudou-se para Liseux, onde Teresa passará sua vida de menina e de adolescente, entre os quatro anos e meio a quinze anos, sob os cuidados de seu pai, todo dedicado à formação das filhas e às obras de caridade.

Era uma menina muito prendada, com a beleza e simpatia de seu sorriso, cabelos loiros e olhos azuis, de traços delicados, calma, inteligente e de espírito muito sensível. Após frequentar a escola das Irmãs Beneditinas, entrou no Carmelo em 1888, onde recebeu o nome de Teresa do Menino Jesus e da Sagrada Face. A fidelidade e simplicidade de seu amor a Jesus Cristo fizeram de Teresinha a "mestra" de um caminho simples e possível a todos. Morreu em 2 de outubro de 1897, atingida por uma tuberculose, após 10 anos de vida no Carmelo, e foi declarada santa pela Igreja no dia 17 de maio de 1925, apenas 27 anos após sua morte. Ela dedicou seus dias a uma espiritualidade simples, no cotidiano da vida. Em vez de conselhos árduos e rigorosas penitências para se tornar uma santa, Teresinha esforçou-se para impregnar tudo o que fazia, o momento presente de cada dia, com o amor a Deus. Como uma criança, sem ganância de nada, buscava louvar, servir, amar a Deus e ao próximo em momentos concretos; por isso sua experiência de vida é chamada de: "Caminho da Infância Espiritual".

Como fazer a novena
(Orações para todos os dias)

I. Oração inicial
— Em nome do Pai, do Filho e do Espírito Santo.
— **Amém.**

— Vinde, Espírito Santo, enchei o coração de vossos fiéis com a Luz de vosso Espírito, e acendei neles o fogo de vosso amor.
— **Enviai o vosso Espírito e tudo será criado.**
— E renovareis a face da terra.
Oremos: Ó Deus, que iluminastes os corações de vossos fiéis com a luz do Espírito Santo, concedei-nos que, pelo mesmo Espírito santo, saibamos sempre o que é correto, e gozemos sempre de sua consolação. Por Cristo, nosso Senhor. Amém.

II. Oferecimento da Novena
Deus Pai de bondade, eu vos suplico nesta Novena, junto à Santa Teresinha, por todas as graças espirituais e temporais necessárias a mi-

nha santificação. Concedei-me a fé ardente e corajosa, a constância e a fidelidade na prática do bem. Iluminai minha inteligência para que veja o bom caminho, inflamai minha vontade para que possa tomar decisões acertadas, purificai meu coração e santificai minha alma para que vos ame de todo o coração. Por intercessão de Santa Teresinha, ajudai-me a perceber as necessidades de meus irmãos e amá-los sinceramente em nome de Jesus... (*fazer o pedido da graça particular*). Bondosa Santa Teresinha, atendei minhas preces e ajudai-me no amor a Deus e a meu próximo em todos os momentos, os mais pequenos de minha vida. Amém.

III. Palavra de Deus *(própria de cada dia)*

IV. Reflexão *(própria de cada dia)*

V. Oração do dia *(própria de cada dia)*

VI. Conclusão
Pelas intenções da Novena: Pai-nosso, Ave-Maria, Glória ao Pai.

VII. Oração final

Senhor Jesus, vós que conduzistes Santa Teresinha no caminho da santidade, por meio de uma vida simples e dedicada a fazer coisas pequenas com grande amor, dai-me a graça de seguir seus exemplos. A vós recorremos, Santa Teresinha, e ajudai-nos a cumprir a vontade de Deus com paz e alegria, no silêncio e no cotidiano da vida em família. Bondosa Santa Teresinha, acendei uma luz nas noites escuras de meus temores, medos, dúvidas e ansiedades. Acima de tudo eu vos peço a graça de amar com sinceridade e dedicação a meu próximo, fazendo tudo como faria para o próprio Jesus. Amém.

1º Dia
O amor de Deus

1. Oração inicial *(p. 5)*

2. Oferecimento da novena *(p. 5)*

3. Palavra de Deus *(1Jo 4,8-11)*
Quem não ama não conhece Deus; e todo que ama nasceu de Deus e conhece Deus. O amor consiste no seguinte: não fomos nós que amamos a Deus, mas foi Ele que nos amou por primeiro e nos enviou seu Filho para nos redimir do pecado. Irmãos, se Deus nos amou a tal ponto, também nós devemos amar-nos uns aos outros.
— Palavra da Salvação.

4. Reflexão
Na vida cristã é importante nossa convicção de que Deus nos quer bem, Deus nos ama profundamente. Enquanto o amor humano nem sempre constrói, o amor de Deus em nós sempre opera e transforma nossa alma com sua graça. Para isso não

é preciso grandes obras, mais vale o amor contido. Certa vez Santa Teresinha perguntava a si mesma o que Jesus pensava dela. Sua resposta foi: "Ele não me condenou, posso ir em paz, ele é bom, ele é amigo... quantos motivos para eu morrer de gratidão e de amor por ele!" O que Deus quer de nós não é tanto sermos perfeitos nas práticas externas, mas que o amemos totalmente com todo o coração, com todas as nossas forças. Guarde em você esta certeza: "Deus me ama, sou dele, eu lhe pertenço! Quero amá-lo!"

5. Oração do dia

Meu Senhor e meu Deus, bondade e amor infinito, eu vos reconheço como meu Deus e meu Pai que tanto me quer bem. Despertai em mim o dom de vosso amor, de acreditar sempre em vós em todos os momentos de minha vida, na alegria e na dor, agora e na hora de minha morte. Por intercessão de Santa Teresinha, ajudai-me a seguir os passos de Jesus, e a cumprir vossa vontade. Meus Deus, tudo passa neste mundo e só vós ficareis como o tudo de meu existir.

6. Conclusão *(p. 6)*

7. Oração final *(p. 7)*

2º Dia
A única escolha

1. Oração inicial *(p. 5)*

2. Oferecimento da novena *(p. 5)*

3. Palavra de Deus *(Mt 4,8-11)*
O diabo mostrou-lhe todos os reinos do mundo e suas riquezas. E lhe disse: "Eu te darei tudo isso, se te ajoelhares diante de mim, para me adorar". Jesus disse-lhe: "Vá embora, Satanás, porque a Escritura diz: 'Adorarás ao Senhor teu Deus, somente a Ele servirás!'" O diabo o deixou e os anjos de Deus se aproximaram e serviram Jesus.
— Palavra da Salvação.

4. Reflexão
A grande tentação que pesa sobre nós é, muitas vezes, apoiar-nos em coisas que passam e não em Deus que não passa. Apoiar-se unica-

mente em Deus, escolher Deus e não as obras de Deus como o tudo de nosso ser é a base de nossa vida cristã. Também para Santa Teresinha houve uma sucessão de escolhas, a todo instante, entre Deus e as coisas de Deus. Sua determinação de colocar Deus antes de tudo é que transformou sua vida em constante conversão: "Ao Senhor adorarás, somente a Ele servirás". Quantas vezes criamos *"deuses"* dentro de nós e caímos na idolatria do dinheiro, do poder, do prazer, da presunção, dos afetos humanos, das preocupações, quando tudo devia ser segundo a ordem de Deus e a partir dele.

5. Oração do dia

Santa Teresinha, minha querida protetora, ajudai-me a viver esta escolha de Deus que transformou vossa vida. Que eu aprenda como é pequeno o que é da terra, como é grande o que é do céu; breve o que é desta vida e duradouro o que é eterno. Santa Teresinha, ajudai-me a ter sede de Deus e libertar-me dos ídolos que ocupam o lugar de Deus em minha alma. Eu quero ser livre de todo apego e de tudo que me impede de servir, amar, adorar meu único e Senhor Deus.

6. Conclusão *(p. 6)*

7. Oração final *(p. 7)*

3º Dia
Momento presente

1. Oração inicial *(p. 5)*

2. Oferecimento da novena *(p. 5)*

3. Palavra de Deus *(Lc 23,39-43)*
Um dos criminosos insultava Jesus, mas o outro o repreendeu, dizendo: "Para nós é justo porque estamos recebendo o que merecemos; mas ele não fez nada de mal". E acrescentou: "Jesus, lembra-te de mim quando vieres em teu Reino!" E Jesus lhe respondeu: "Eu te garanto, hoje mesmo estarás comigo no paraíso".
— Palavra da Salvação.

4. Reflexão
Este momento, na cruz, mostra-nos o carinho de Cristo por todos nós. É um momento de perdão, momento de acolhimento de quem pede o Reino. Cada momento de nossa vida é precioso e podemos perdê-lo, se não estivermos atentos, pois, é ali que

acontece a realização do amor de Deus em nós e de nós em Deus. O Papa Paulo VI diz que "devemos viver a vontade de Deus em cada instante da vida: fazer logo; fazer tudo; fazer bem; fazer alegremente o que Deus pede de nós". E Santa Teresinha: "Minha vida é um instante que passa e um momento que se vai. Tu sabes, meu Deus, que para amar-te aqui na terra não tenho outro momento a não ser o dia de hoje". Ame a Deus, sempre e agora, hoje.

5. Oração do dia

Bom Jesus, eu quero vos amar sempre e em cada momento de minha vida. Eu quero vos amar de todo o coração e com todas as minhas forças. Eu vos suplico, ó Santa Teresinha, gravai em mim o que Jesus nos ensinou: "Só uma coisa é necessária" naquilo que realmente tem valor, fazer a vontade de Deus. Concedei-me a graça de amar a Deus em cada instante da vida cumprindo sua santa vontade com alegria e total desapego. Ajudai-me a aprender: "O que importa não é a quantidade de minhas atividades, mas a intensidade do amor que eu coloco em cada ação". Amém.

6. Conclusão *(p. 6)*

7. Oração final *(p. 7)*

4º Dia
Viver o Evangelho

1. Oração inicial *(p. 5)*

2. Oferecimento da novena *(p. 5)*

3. Palavra de Deus *(Mt 7,24-26)*
Quem ouve minhas palavras e as põe em prática é como o homem prudente que construiu sua casa sobre a rocha. Caiu a chuva, vieram as enxurradas, os ventos sopraram com força contra aquela casa mas a casa não caiu, porque ela foi construída sobre a rocha.
— Palavra da Salvação.

4. Reflexão
Construir nossa vida vivendo a Palavra do Evangelho. São Tiago (1,22) admoesta-nos: "Tornai-vos praticantes da Palavra e não simples ouvintes", e São Lucas (8,15) ensina que a Palavra produz seus frutos somente quando encontra em nós um terreno fértil. "Como Je-

sus se torna presente nas pessoas? É pela comunicação da Palavra. Poderíamos afirmar que Jesus se encarna em nós quando aceitamos que sua Palavra venha viver dentro de nós" (Paulo VI). Santa Teresinha conta sua experiência: "Custava-me fazer pequenos serviços... Entretanto lembrava-me da Palavra de Jesus: 'Tudo o que fizer a um destes pequeninos é a mim que o fareis'. Jesus fala e sua palavra fortifica meu coração. Tuas palavras são minhas, ó Jesus, e posso servir-me delas". Experimente viver a Palavra em uma situação real, por exemplo, no ajudar o pobre, lembrando-se: "É a mim que o fazeis", é a Jesus!

5. Oração do dia

Maria Santíssima, minha bondosa mãe, eu quero fazer como fizestes ao ouvir as palavras de Jesus e meditá-las no coração; eu quero fazer a vontade de Deus em tudo o que Ele me diz. Ajudai-me com vosso socorro e fazei que minha alma se transforme em terra fértil onde Jesus possa crescer. Santa Teresinha, ajudai-me a ser fiel a Jesus nas coisas pequenas e cotidianas: em meu trabalho, em minha família, na maneira de servir os outros, no ouvir e conviver com meus irmãos. Jesus, quero fazer tudo por ti!

6. Conclusão *(p. 6)*

7. Oração final *(p. 7)*

5º Dia
Amar o próximo

1. Oração inicial *(p. 5)*

2. Oferecimento da novena *(p. 5)*

3. Palavra de Deus *(Jo 13,34-35)*
Eu vos dou um mandamento novo: amai-vos uns aos outros. Assim como eu vos amei, assim também vós deveis amar-vos uns aos outros. Nisto todos conhecerão que sois meus discípulos: se vos amardes uns aos outros.
— Palavra da Salvação.

4. Reflexão
"Se eu não tivesse a caridade, eu nada seria." É assim que São Paulo nos alerta sobre a importância de, antes de tudo, amar nosso irmão. Sem o amor não tenho Deus em meu coração e jamais poderei doá-lo aos outros. O amor cristão supõe atitudes especiais: *Tomar a iniciativa* de amar o

irmão, sem interesses, sem esperar recompensa. *Amar a todos*, bons e maus. Amar também quem é *inimigo* para nós. *Dar a própria vida*, como Jesus fez, sempre até o fim; isso significa, diz São Paulo: "Com os fracos me fiz fraco, para todos eu me fiz tudo"... *Tornamo-nos um e solidários* com o irmão, como ele é e está diante de nós. É preciso ainda *amar Jesus no irmão*: "Todas as vezes que fizestes isso a um destes pequeninos foi a mim que o fizestes" (Mt 25,40). Esse amor ao se tornar mútuo caracteriza o cristão: "O que eu vos mando é que *vos ameis uns aos outros*". Assim haverá clima para Jesus Ressuscitado estar entre nós (Mt 18,20).

5. Oração do dia

Ajudai-me, ó Santa Teresinha, a amar meus irmãos, sempre, logo, com alegria. "Senhor, sabeis que só poderei amar meus irmãos como vós amais, se vós mesmo os amais através de mim. Dai-me a graça de realizar vossa vontade e vos amar em cada irmão." Ajudai-me, bondosa santa, a tomar a iniciativa de servir; acolher o outro como ele é, em sua dor, em sua alegria, em seus desânimos e tristezas. Ajudai-me a realizar a caridade fraterna nas coisas pequenas: no escutar, no olhar, no dar atenção. Senhor, quero vos amar em cada irmão que encontrar!

6. Conclusão *(p. 6)*

7. Oração final *(p. 7)*

6º Dia
Rezar sempre

1. Oração inicial *(p. 5)*

2. Oferecimento da novena *(p. 5)*

3. Palavra de Deus *(Mt 6,5; 14,23; Lc 18,1)*
Despedido o povo, Jesus subiu sozinho o monte para orar... É preciso rezar sempre e não deixar de o fazer. Quando vocês rezarem, não sejam como os hipócritas que gostam de rezar para serem vistos... Quando rezarem não usem muitas palavras...
— Palavra da Salvação.

4. Reflexão
Em muitos lugares do Evangelho Jesus dá o exemplo e diz que é preciso rezar sempre. Nem sempre vivemos numa relação filial com Deus, e a oração é precisamente esta comunicação interrompida com Deus, o colóquio entre a criatura e o Criador. Como reencontrar o contato com Deus nas mais diferentes situações? Jesus diz: "Não é quem diz Senhor, Senhor, que entrará no Reino do céus, mas quem faz a von-

tade de meu Pai que está no céus" (Mt 7,21). Portanto, é condição única estar na vontade de Deus, para que "o reino" penetre em você. Com Jesus, fazendo a vontade do Pai, toda prece, toda palavra, todas as ações levam-nos a Deus. E Jesus prometeu, ainda, estar sempre presente onde houver o amor recíproco entre nós; ora, esta sua presença nos une com Ele e Ele pedirá também conosco ao Pai.

5. Oração do dia

A vós suplicamos, Santa Teresinha, a graça de rezar sempre, de buscar a vontade de Deus que nos quer bem e nele confiar. Por meio da oração conservastes a amizade com Deus e vos deixastes guiar pelo amor ao próximo em coisas pequenas, realizadas em nome de Jesus. Por intercessão de Santa Teresinha, Bom Jesus, dai-nos a graça de aprender a rezar juntos em vosso nome, e abandonar nossas inquietações em vosso Sagrado Coração. Eu vos suplico Jesus, ficai conosco, com nossas famílias; ficai conosco quando oramos ao Pai. Sem vós, Jesus, o que faremos? Para onde iremos?

6. Conclusão *(p. 6)*

7. Oração final *(p. 7)*

7º Dia
A Eucaristia

1. Oração inicial *(p. 5)*

2. Oferecimento da novena *(p. 5)*

3. Palavra de Deus *(Lc 22,19-20)*
Depois, tomando um pão e dando graças a Deus, partiu-o e o deu a seus discípulos dizendo: "Isto é o meu corpo que é dado por vós". Do mesmo modo, depois de haver ceado, passou-lhes o cálice dizendo: "Este é o cálice da Nova Aliança em meu sangue, que é derramado por vós. Fazei isto para celebrar a minha memória".
— Palavra da Salvação.

4. Reflexão
Santo Afonso coloca no dizer de Jesus: "Se algum dia duvidarem de meu amor, eis que lhes deixo a mim mesmo neste sacramento. Com tal garantia, não podem ter dúvidas de que eu os

amo, e os amo muito, ardentemente" (*A Prática do amor a Jesus Cristo*). Santa Teresinha disse o mesmo: "Meu céu está escondido na partícula de uma hóstia onde Jesus se esconde por amor... É o divino instante que Ele, em sua ternura vem para me transformar nele. Essa união de amor e de inefável alegria me faz dizer: "Eis o céu que é meu". "Naquele dia, minha Primeira Comunhão, eu desapareci como uma gota d'água no oceano; Jesus ficava só, ele era o Senhor e o Rei de meu coração". Você pensa também assim? Amor se paga com amor, e Jesus está na Eucaristia esperando para nos transformar nele. Receba-o com amor, com gratidão.

5. Oração do dia

Bondosa Santa Teresinha, concedei-nos a graça de um amor constante e ardoroso por Jesus presente na Eucaristia. Ajudai-me a me transformar, cada vez mais, em Cristo e sempre permanecer unido a Ele. Comungando seu corpo e seu sangue, quero amar e dar a vida por meus irmãos. Meu Jesus, agora compreendo, é por amor que estais na Eucaristia como alimento, como amigo, como companheiro, como Pai que sempre me acolhe. Senhor, eu vos amo e quero vos amar de todo o coração. Amém.

6. Conclusão *(p. 6)*

7. Oração final *(p. 7)*

8º Dia
Amor pela Igreja

1. Oração inicial *(p. 5)*

2. Oferecimento da novena *(p. 5)*

3. Palavra de Deus *(1Cor 12,12)*
Assim como o corpo humano é uma unidade, embora tenha muitas partes, e todas as partes do corpo, apesar de serem muitas, formam um só corpo, assim também acontece com Cristo. Nós todos fomos batizados num só Espírito para formarmos um só corpo.
— Palavra da Salvação.

4. Reflexão
É preciso compreender e amar a Igreja de Jesus! A Igreja é o próprio Jesus e nós junto dele, unidos em seu amor! "Onde dois ou três estão unidos em meu nome, ali estou eu no meio deles" (Mt 18,20). Jesus, assim nos vendo, olha para São Pedro e lhe diz: "Tu és Pedro, e sobre esta pe-

dra edificarei minha Igreja", e o faz servo de toda a sua Igreja, seu representante. "Compreendi, diz Santa Teresinha, que a Igreja tinha um Coração, e que esse coração era ardente de amor. Compreendi que só o Amor fazia agir os membros da Igreja. Se o amor viesse a se extinguir os apóstolos não anunciariam o Evangelho e os mártires recusariam derramar seu sangue". Impossível você amar Jesus e não amar sua Igreja, todos os filhos de Deus.

5. Oração do dia

Bom Jesus, por meio de Santa Teresinha, concedei-me um grande amor a vossa Igreja. Ajudai-me a abrir meu coração para todos; esvaziar minha alma para que meus irmãos tenham um lugar em meus pensamentos, em meus afetos, em minhas orações, em meu amor por Jesus. Bom Mestre, de tantas formas vos tornais presente entre nós, ficai conosco e conservai-nos unidos em vosso nome, em vosso amor. Dai-me a alegria de estar convosco, unido com os irmãos, na Comunidade, em vossa Igreja.

6. Conclusão *(p. 6)*

7. Oração final *(p. 7)*

9º Dia
Maria, a Mãe

1. Oração inicial *(p. 5)*

2. Oferecimento da novena *(p. 5)*

3. Palavra de Deus *(Lc 1,28-32)*
Alegra-te, ó cheia de graça, o Senhor é contigo... Não tenhas medo, Maria, porque Deus se mostrou bondoso para contigo. Conceberás e darás à luz um filho e lhe porás o nome de Jesus. Ele será grande e será chamado o Filho do Altíssimo.
— Palavra da Salvação.

4. Reflexão
Mais do que nunca precisamos de Maria. O mistério de Jesus é inseparável de sua mãe. Em Maria tudo se refere a Cristo: sua vocação à maternidade divina (Lc 1,35); sua virgindade (Lc 1,34); ser a mãe da Igreja (Jo 19,26). O mundo oferece-nos prazeres, o naturalismo, o apego a

tudo que passa, e Maria ensina-nos a amar Deus acima de tudo, o amor fraterno e recíproco, ser santos, amar profundamente a Igreja. Nela contemplamos a criatura cheia de fé e que meditava a Palavra (Lc 2,19); possuía uma caridade operosa e atenta (Jo 2,3); mãe corajosa e forte nos sofrimentos (Lc 2,35); e não se afastou no momento doloroso da redenção: "Junto à cruz de Jesus estava de pé sua mãe" (Jo 19,25). Maria intercede e reza com os discípulos reunidos no Cenáculo (At 1,14) e com toda a Igreja, até o fim dos tempos.

5. Oração do dia

Bondosa Santa Teresinha, como dissestes um dia a Maria eu também quero repetir convosco: "Em vossa humildade vos tornastes a serva do Senhor; ó Maria, eu também quero me tornar não somente serva mas também vossa filha. Vós sois a mãe de Jesus e minha mãe". Dai-me a graça, Santa Teresinha, de ser fiel à vontade de Deus; meditar e viver a Palavra; amar profundamente meus irmãos; ter um profundo e sincero afeto a Maria como mãe de Deus e minha mãe. Maria, mãe de Jesus, tornai-me digno de vos amar e vos louvar, agora e sempre. Amém.

6. Conclusão *(p. 6)*

7. Oração final *(p. 7)*

Oração a Santa Teresinha

Senhor Jesus, vós que conduzistes Santa Teresinha no caminho da santidade, por meio de uma vida simples e dedicada a fazer coisas pequenas e com muito amor, dai-me a graça de seguir seus exemplos na prática do bem. A vós recorro, Santa Teresinha, para que alcanceis de Deus a graça da paz de espírito, a paciência e bondade com todos os meus irmãos. De maneira especial vos recomendo (*mencionar as pessoas por quem deseja rezar, ou pessoas que lhe são difíceis*).

Bondosa Santa Teresinha, com docilidade deixastes Jesus guiar vossos passos, ajudai-me também a ter a mesma generosidade em cumprir o que Deus deseja de mim, a fazer sua santa vontade; dai-me força nas adversidades; paciência nas contrariedades e tribulações; confiança em Deus e o sincero arrependimento de meus pecados. Santa Teresinha, sede minha companheira nesta vida, para honra e glória de Jesus. Amém.